MÉMOIRE

SUR

LA COLONISATION EN COCHINCHINE

ET

LE REMORQUAGE

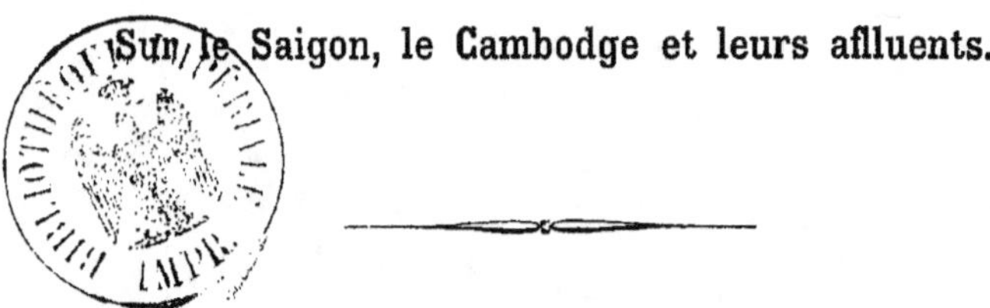 Sur le Saigon, le Cambodge et leurs affluents.

Qu'elles peuvent être les vues qui ont amené le gouvernement de l'Empereur à arborer le drapeau de la France en Cochinchine?

Après des sacrifices en hommes et en argent, qui témoignent qu'il poursuit un but sérieux sur cette terre de l'extrême Orient, il a déjà rangé sous sa domination un territoire assez étendu. A l'heure actuelle, notre occupation s'étend du Nord à l'Ouest, de Saigon à Mytho, c'est-à-dire, sur un espace de 75 milles ou 35 lieues environ, et, de l'Est au Nord, du cap Saint-Jacques à Saigon, sur 50 milles ou près de 25 lieues (1). Mais il est plus juste de mesurer l'importance de cet établissement par ce qu'il doit être un jour, que par son état présent.

Il est destiné à prendre un grand développement. Il s'étendra par l'action toute naturelle et sans cesse envahissante qu'exerce la civilisation mise en

(1) Nous calculons d'après le mille marin. On sait qu'il est de 1862 mètres et que 2 de ces mille égalent, à peu de chose près, une lieue terrestre.

1863

contact avec les contrées plus ou moins barbares. Chaque jour nous verrons s'étendre le cercle de notre influence et successivement se placer sous notre autorité les populations Anamites qui se défient encore de nous ou nous montrent de l'hostilité. Sans chercher aucune analogie, nous serons à Saigon fort heureusement conduits à suivre la même loi d'extension qu'à Alger après la conquête.

Dans cette prévision quels peuvent être les projets du Gouvernement pour régler et seconder ce mouvement ?

Recourra-t-il à la colonisation ? Nous ne le pensons pas. Ici ce système ne nous paraît nullement applicable. Il est utilement appliqué dans une contrée où il faut créer l'agriculture, faire naître l'industrie et provoquer le commerce par l'échange des produits. Les Anglais ont dû l'employer dans leurs vastes possessions de l'Australie. La France a eu recours à lui au xviie et au xviiie siècle dans les pays d'Outre-Mer qui ont constitué sa puissance coloniale. Elle devra encore l'appliquer, quoique sur une échelle restreinte, si elle veut donner quelque intérêt à sa possession de la Nouvelle-Calédonie.

Mais en Cochinchine, nous sommes dans de toutes autres conditions et en présence de nécessités de toute autre nature.

Là, la propriété existe et y est respectée selon les mœurs du pays; l'agriculture n'y est pas à créer, car les terres sont plus ou moins cultivées et produisent le riz, la canne à sucre, le tabac, le poivre, le sésame et l'indigo ; l'industrie même n'y est pas tout à fait inconnue, puisque, au moyen de procédés plus ou moins grossiers, les habitants tirent de ces produits de la terre dequoi satisfaire leurs goûts et leurs besoins; enfin le commerce n'y est pas seulement à l'état rudimentaire pour les échanges locaux, il y existe dans de plus larges proportions, puisque après avoir pourvu à l'alimentation des populations, l'excédent des fruits et des récoltes est l'objet d'exportation pour des contrées éloignées telles que la Chine et Singapore (1).

(1) La Cochinchine expédie spécialement de grandes quantités de riz en Chine et à Singapore. L'ensemble des échanges de Saigon pour 1860 peut être évalué à 7,700000 fr.

Ce mouvement commercial s'est opéré dans des circonstances politiques exceptionnelles, qui ont ralenti les envois. Ceux-ci ont eu à subir en outre, des droits élevés dont les produits étrangers étaient frappés en 1860, à l'entrée de la riviére de Saigon, droits dont sont aujourd'hui affranchis les pavillons français et espagnols. (Revue M^e et Cie, Déc^{bre} 1861.)

Ce n'est donc pas une œuvre de colonisation que nous avons à entreprendre en Cochinchine. Notre action doit y prendre une autre forme et s'y exercer avec d'autres procédés. C'est une bonne fortune dont nous avons motif de nous féliciter, car il faut bien le reconnaître, en nous rappelant des essais infructueux tentés de nos jours, il serait bien difficile, si ce n'est impossible, d'attirer nos capitaux et notre population dans une contrée aussi éloignée pour y fonder, à proprement parler, une colonie.

Il s'agit pour nous de féconder et de développer dans le Cambodge, c'est-à-dire, dans la partie Sud de la Cochinchine, les germes de culture, d'industrie et de commerce que nous y rencontrons. Nous n'avons pas à y substituer une population nouvelle à la population indigène, mais à faire que celle-ci accepte la souveraineté de la France, comme lui offrant une protection plus sûre et un pouvoir bienfaisant au lieu et place du despotisme capricieux et brutal de ses anciens souverains. A la suite de notre prise de possession, nous avons à faire reconnaître la légitimité de notre autorité par la régularité de notre administration, son esprit d'équité, les améliorations et les progrès de toute nature, les plus propres à être appréciés par les populations mêmes les moins éclairées. La civilisation ne s'importe pas tout d'une pièce, et même ses bienfaits, pour être reçus avec reconnaissance, doivent être distribués avec mesure et opportunité. Aussi ne sera-ce qu'avec de sages ménagements et des tempéramments appropriés à leur état, qu'elle modifiera et réformera les mœurs et les habitudes des Anamites.

Dans cette manière de concevoir le rôle de la France en Cochinchine, nous n'entendons pas tracer un programme de conduite à notre Gouvernement, mais entrer dans sa pensée. Nous n'avons pas la prétention de préciser ici les mesures politiques et administratives auxquelles il devra recourir pour accomplir son œuvre. Nous nous bornerons à en indiquer quelques unes et seulement celles qui sont de notre compétence, comme se rattachant aux études que nous avons faites sur les éléments d'industrie et de commerce que possède le Cambodge.

Pour tirer parti de ces germes de richesse, l'administration Française n'a qu'à faire l'application des principes les plus libéraux : qu'elle admette dans les ports de la Cochinchine tous les pavillons en franchise de droits ; qu'elle accueille avec empressement les travailleurs et les capitaux de quelques pays qu'ils viennent, pourvu qu'ils se soumettent à la loi française ; qu'elle fasse des concessions de terres sans distinction entre les étrangers et les Français ; qu'elle voie dans les uns comme dans les autres d'utiles auxiliaires et qu'elle ne conteste à aucun le droit de coopérer à son œuvre. Des expériences nombreuses sont faites qui lui assurent le succès dans cette voie. C'est à la franchise de leurs ports que Singapore et Aden doivent, l'un d'être devenu l'entrepôt du commerce de l'Indo-Chine, l'autre de la mer Rouge, et tous les deux d'être devenus chacun le point central auquel aboutit et d'où rayonne l'activité maritime de ces mers.

Les Etats-Unis placés dans une position analogue à la notre en Cochinchine pour tous les territoires nouveaux qu'ils cherchent incessamment à conquérir ont obtenu de ce système les plus merveilleux résultats. Ils ont admis les émigrants de toutes les nations pour défricher et peupler leurs états nouveaux. Toutes les races du globe ont leurs représentants en Californie. Tout individu peut y établir une industrie, même y construire les appareils nécessaires pour l'exploiter, sans aucune autorisation préalable ; tout citoyen Américain, tout étranger naturalisé ou ayant seulement déclaré son intention de l'être, a droit à l'occupation d'un certain nombre d'acres de terres fixé par la loi ; il peut aussi défricher les forêts qui appartiennent encore à l'Etat. Aussi, sur les plateaux boisés, même les plus élevés, au milieu des cèdres, des mélèzes et des sapins, on trouve des scieries en marche dont les produits se répandent ensuite par tout le Pacifique comme bois de construction, de charpente et de mâture (1). Cette dernière circonstance mérite d'être notée. Le Cambodge possède aussi d'énormes forêts, on en retire déjà de beaux bois de charpente, le Teak et le *Sao*, bois forts et durables, qu'on emploie à toutes les constructions et particulièrement à celle des navires.

Qu'on applique en Cochinchine un régime aussi libéral et nous verrons bien vite accourir vers notre établissement des Anglais et des Américains, des Hollandais et des Espagnols, qui, portant avec eux l'activité et l'habileté européennes, tireront parti des ressources encore enfouies dans cette riche contrée.

Mais cette libéralité ne doit pas aller jusqu'à livrer le pays que nous occu-

(1) Voir : La Californie en 1860. (Revue de deux mondes, 1er Avril 1861.)

pons à une influence étrangère, qui pourrait effacer notre propre nationnalité. Les Américains dans la Californie n'avaient rien à craindre de semblable. Avec leurs pionniers si énergiques et si entreprenants, avec cette virile témérité qui les pousse les uns les autres vers les terres inconnues, avec les voies de communications qui les menaient directement à travers les états de l'Ouest, vers l'état nouveau, les Américains pouvaient ouvrir la Californie à toutes les nations, les appeler à leur aide, leur distribuer même des encouragements pour obtenir leur concours et ne pas douter que par leur nombre et leur activité énergique ils sauraient les contenir à l'état de sujets.

C'est ainsi que dans cette population de toutes origines, qui s'élève à 550,000 âmes et à laquelle on doit l'essor si merveilleux de la Californie, les États-Unis comptent 380,000 de leurs émigrants. Ils y dominent donc et impriment à cet amalgame de races et de mœurs la forte empreinte de leur caractère et de leur nationalité.

La position géographique de la France et les habitudes beaucoup plus sédentaires de ses habitants l'obligent à chercher ailleurs le même contrepoids. Elle le trouvera dans ce génie administratif qui l'accompagne partout, dans ce nombreux personnel qui fonctionne avec tant d'ordre et de précision là où elle s'établit; dans les garnisons qu'elle sera obligée d'entretenir longtemps sur plusieurs points du pays; dans la présence de quelques navires de guerre; dans cette puissante direction qu'elle sait imprimer aux forces individuelles; dans les travaux qu'elle sera amenée à entreprendre pour se fortifier, pour ouvrir des voies de communications; dans l'organisation de la justice, soit par les tribunaux indigènes, soit par l'introduction de formes plus protectrices des intérêts et des individus qu'elle aura attirés dans notre possession; enfin dans les moyens de police indispensables au maintien de l'ordre et de la tranquilité.

Pour compléter ce système de résistance à toute submersion dont le flot étranger pourrait menacer notre nationnalité, le gouvernement de l'Empereur a intérêt à créer à Saigon un centre d'activité industriel et commercial, plus particulièrement composé d'éléments français et capable d'exercer une influence prépondérante au milieu des personnes et des capitaux étrangers, auxquels il aura donné un libre accès. C'est le seul tempérament que devra recevoir le régime du *laisser faire et du laisser passer,* dont l'application nous semble commandée par la nature des choses, à notre établissement de Cochinchine. C'est ainsi que nous avons été amenés à formuler le projet que nous allons avoir l'honneur de soumettre au Gouvernement et qui nous paraît remplir cette destination.

§ 1. — Agriculture et Industrie.

Si on examine l'état présent de la partie Sud de la Cochinchine, on voit que l'agriculture, sans y être très-avancée, ne manque pas d'importance. Elle cultive déjà le riz, le tabac et la canne à sucre et trés-facilement on peut l'étendre au sésame, à l'indigo et au coton. Le riz se récolte dès à présent en telle quantité que, non seulement il suffit aux besoins de la population locale, mais alimente un commerce très-considérable avec la Chine. Le tabac qu'on recueille, et dont quelques échantillons sont arrivés en France, est reconnu l'égal du tabac de Manille; et l'huile qu'on tire du sésame est de tous points comparable, quant à la qualité, à l'huile du sésame de l'Inde.

Il s'agit de trouver le moyen de développer ces commencements d'agriculture en augmentant la quantité et la valeur de ses produits. Il s'agit d'exciter les propriétaires anciens du sol à le mettre en culture; il s'agit de les stimuler par la présence de nouveaux cultivateurs; mais dans cette direction on n'obtiendra de véritables succès qu'à deux conditions :

Facilités de se procurer des fonds.

Facilité de vendre les produits.

Ces deux conditions se trouvent dans la combinaison suivante :

Une Banque agricole serait constituée.

Elle aurait pour objet de faire des avances sur les récoltes faites ou à faire.

Quand la récolte est faite, le propriétaire qui a besoin de fonds et qui ne peut attendre l'acheteur s'adresse à la Banque, lui consigne ses produits, et, selon leur nature plus ou moins succeptible de détérioration, en reçoit une avance de fonds de la moitié, des trois quarts ou des deux tiers de la valeur.

Dans la nature de ce prêt, il entre d'autres conditions : la réalisation du gage dans certains cas et dans un délai déterminé; faculté pour l'emprumpteur de le vendre lui-même et de se libérer; fixation de l'intérêt pour les sommes prétées; rentrée dans les mains du propriétaire de l'éxcédant qui peut résulter sur les fonds à lui prêtés, de la vente faite pour son compte. On comprend que ce genre de contrat est variable dans sa forme, quoiqu'il reste le même en principe. C'est ce principe que nous posons ici.

La Banque agricole avance aussi des fonds sur la récolte pendante. Elle fournit au cultivateur l'argent dont il a besoin, soit pour se procurer les instruments de travail, payer ses ouvriers, ensemencer ses terres et les cultiver, soit même pour acheter des terres et les mettre en rapport. Ce prêt est fait sous la garantie d'une obligation contractée selon un mode qui rentrera le mieux dans les usages du pays et au moyen de laquelle la Banque touchera la valeur réalisée des récoltes, jusqu'à concurrence des sommes avancées par elle.

Pour faciliter l'application de ce dernier système de prêts, la Banque agricole possédera de vastes terrains qu'elle livrera à des cultivateurs aux conditions du métayage, tel qu'il est connu et pratiqué en France.

Cette assistance financière que nous proposons d'accorder à l'agriculture n'est pas sans précédents. Elle a été pratiquée à Java, dans ses dispositions essentielles sur une grande échelle et y a obtenu le succès le plus complet. Voici comment elle fonctionnait.

« Le gouvernement Hollandais fournit le capital directement aux contractants, c'est à dire, à ceux qui sont liés à lui par une sorte de subordination permanente et indirectement aux planteurs indépendants. Le département de l'administration des propriétés des décédés et des institutions charitables, et les autres départements munis de fonds, prêtent ces fonds aux personnes solvables qui veulent les appliquer à des entreprises d'agriculture. A ces prêts, s'ajoutent ceux des maisons de commerce, qui fournissent des fonds à des jeunes gens de Java qui ont acquis une certaine réputation dans la bonne gestion des plantations et à des conditions assez modérées pour qu'ils puissent cultiver des terres à leur propre compte. »

. . . .

« Le Gouverneur comprit que dès que le moulin était prêt à fontionner, les villages des environs devaient être mis en possession d'une certaine quantité de terres cultivées de manière à donner de l'aliment au moulin. Environ 600 acres devaient suffire pour le faire fonctionner ; le Gouvernement avançait annuellement aux contractants, sans intérêt, la somme entière demandée pour l'achat des outils et les frais de fabrication. Ces avances devaient être remboursées au Gouvernement sur le produit du moulin. Dans le principe, les contrats imposaient l'obligation aux contractants de livrer au Gouvernement tout le produit du moulin, à prix fixé, à environ un tiers en sus du prix de revient. Plus tard, ces contrats subirent des changements. Le contractant pouvait exiger du Gouvernement qu'il achetât tout le produit de son moulin, au prix stipulé dans le contrat ou seulement qu'il en prit une partie pour rembourser l'avance annuelle, plus un dixième des frais de construction qui lui avaient été avancés. » (1)

Notre proposition au lieu d'être basée sur le monopole comme l'est le système Hollandais, admet le principe de la liberté. Mais, sauf ce changement, les procédés sont les mêmes. A Java, c'était une banque aussi qui avançait des fonds aux cultivateurs, moyennant une redevance qu'ils payaient au gouvernement Néerlandais. Grâce à cette assistance financière, la colonie Hollandaise a passé, dans l'espace de vingt-cinq ans, d'un déficit de 180 millions qu'accusait son budjet, à un revenu de 120 millions. Cet exemple mérite bien d'être suivi.

Mais par la nature de quelques uns de ses produits l'agriculture, pour prospérer, a besoin en Cochinchine du concours de l'industrie. L'une et l'autre sont entièrement liées et également intéressées à la production du riz, de la canne à sucre et du sésame.

A la Banque agricole dont nous venons de déterminer la fonction, nous ajoutons deux usines : l'une qui sera un moulin pour la décortication du riz ; l'autre un ensemble des machines les plus perfectionnées pour la fabrication du sucre. Au moyen de ces appareils industriels, l'association offrira aux petits propriétaires et aux planteurs, ou de leur acheter leurs récoltes de riz et de sucre à un prix débattu, ou de faire pour leur compte, moyennant une

____

(1) Java, or the way to manage a colony.

rénumération équitable convenue avec eux, l'opération de la décortication de leur riz et de la fabrication de leur sucre.

On voit tout d'abord, sans que nous ayons besoin de les exposer, les avantages de cette combinaison. Elle dispense les petits cultivateurs d'ajouter à leur culture un travail d'industrie qui exigeait d'eux des frais de main-d'œuvre ou l'emploi de procédés très dispendieux hors de proportion avec l'importance de leurs cultures.

Sous la double action de la Banque agricole et des usines industrielles, le centre d'activité que nous proposons d'établir à Saigon, non seulement acquerrait cette prépondérance française dont il nous semble prudent de nous assurer, mais donnerait aussi une vive impulsion à l'agriculture et à l'industrie de notre nouvelle possession.

Cette partie de notre projet, pour être exécutée, n'a besoin d'aucun subside, d'aucune participation de la part de l'Etat. Nous en demandons seulement l'approbation officielle et comme sorte d'attache à la pensée du Gouvernement, que cette approbation se témoigne par une concession de terre, à titre gratuit d'une étendue proportionnée aux capitaux réunis par la Société, concession dont l'emplacement sera déterminé de concert avec l'administration locale.

----

§ 2. — Commerce et Navigation.

Mais l'agriculture et l'industrie ont besoin d'un aide aussi, de celui que leur prête le commerce. L'agriculture et l'industrie ne peuvent se développer que si les échanges de leurs produits ne rencontrent point d'obstacles, et par conséquent si les communications sont faciles. Les moyens de transport sont le levier même du commerce. C'est une vérité devenue vulgaire en France, que les richesses d'un pays se multiplient par la circulation plus ou moins rapide qu'on peut leur donner. Nous avons vu des mines de houille et de fer rester sans valeur faute d'accès ou d'issues. Nous avons vu les ressources d'une contrée doubler en peu d'années par l'ouverture d'une voie navigable ou par l'établissement d'un chemin de fer.

Ces réflexions nous ont conduit à examiner la configuration du pays que nous occupons en Cochinchine et à rechercher par quelles combinaisons nous pourrions le doter des moyens de commerce qui lui font défaut.

En jetant les yeux sur la carte, on voit que la partie Sud de la Cochinchine se trouve traversée par deux fleuves : le Saigon et le Cambodge ; tous les deux communiquant avec la mer et se liant l'un à l'autre par des affluents et des rivières. Cet ensemble de voies d'eau forme un réseau à branches nombreuses et entrelacées les unes avec les autres. Mais cet aspect qui fait supposer de grandes facilités de communication, trompe les yeux ainsi que nous l'expli-querons tout à l'heure.

Plusieurs villages se rencontrent après avoir doublé le cap Saint-Jacques, à l'entrée de Saigon ; puis vient la ville de ce nom que nous pouvons considérer comme le chef-lieu de notre établissement ; dix lieues plus loin au Nord on trouve Bienhoa et sur les rives du Cambodge, Mytho, Ving-Luang et Chaudoc. Ces villes sont populeuses comme celles de l'extrême Orient ; mais entre ces villes principales qui donnent leur nom à des provinces, se rencontrent dans un labirynthe de voies d'eau, éparses et comme semées sur des îlots, une myriade de villes moins importantes aux alentours desquelles sont les principales cultures.

Comme nous le disons plus haut, on commet une grande erreur si on croit que les commuuications sont faciles et rapides dans une contrée aussi enlacée par des bras de fleuves et de rivières. La navigation y est, au contraire, très-difficile et extrêmement lente. Voyons d'abord les obstacles qu'elle oppose aux communications extérieures.

Du cap Saint-Jacques à Saigon, centre de notre occupation, la distance n'est que de soixante milles et un bâtiment pour la parcourir met six jours en moyenne. Cette navigation, à cette lenteur ajoute de véritables périls. Le fleuve dans certaines parties est tellement étroit et tortueux que les navires même de 300 tonneaux de jauge, courent risque d'échouer s'ils veulent lou-voyer. Entre le cap Saint-Jacques et l'embouchure du fleuve on rencontre de nombreux bancs de sable qu'il est fort difficile d'éviter quand des vents violents viennent à souffler. Les navires sont souvent obligés d'y mouiller, non pas seulement plusieurs jours, mais quelquefois plusieurs semaines. Ces difficultés et ces dangers sont attestés par de tristes expériences. Le capitaine du *D'Artagnan*, navire frêté par le Gouvernement, a écrit à ses armateurs :

« Je vous engage, en votre qualité d'armateurs, de faire insérer dans la
» Charte-Partie du gouvernement, que le navire devra être remorqué, car il
» arrive souvent que les bâtiments mettent vingt à vingt cinq jours pour des-
» cendre ou remonter la rivière de Saigon qui est très tortueuse. »

Nous lisons aussi dans une lettre de M. Gillaud, capitaine du *Singapore :*

« Je suis au bas de la rivière prêt à partir, mais je n'ai pas été heureux
» pour la descendre. Le pilote a mis mon navire sur un banc en dérivant;
» il est venu en travers au courant, a donné une forte bande et a perdu
» quatorze mètres de fausse-quille qui sont venus immédiatement sur l'eau.
» Je serai obligé d'entrer au bassin à Macao. »

Dans une autre lettre le même capitaine écrit :

» Je me suis mis deux fois à la côte, en louvoyant, mais je n'ai pas touché
» grâce aux arbres qui bordent la rivière. »

Ces difficultés et ces dangers sont autrement grands pour les navires d'un fort tonnage, comme les gabarres-transports et les navires affrétés par le Gouvernement pour porter à notre établissement le matériel, les fournitures de toutes sortes et les hommes dont il doit l'approvisionner.

Le commerce intérieur se fait actuellement au moyen de jonques et de petits bateaux d'un faible tirant d'eau. Quoiqu'ils pénétrent dans les canaux et les bras de rivière pour raccourcir leur voyage, leur marche est à chaque instant interrompue par des escales forcées et de fréquentes avaries. Ces petites embarcations ne peuvent pas louvoyer; elles sont obligées d'attendre que le vent soit favorable ou qu'il ait faibli, pour que le courant les pousse à leur destination. Ainsi pour se rendre de Saigon à Mytho, distance de soixante-quinze milles, les jonques mettent plus de six jours. Cette lenteur est d'autant plus onéreuse, que ces bâtiments, par leur capacité, ne peuvent prendre que de faibles cargaisons. (1)

(1) La ville de Mytho, actuellement occupée par les troupes françaises, est le centre du commerce du Cambodge et Saigon en est le port; les navires entrant difficilement dans le fleuve à cause du grand nombre de bancs qui s'y trouvent. Entre ces deux villes il y aura un grand commerce et un mouvement considérable, nonseulement de marchandises, mais de passagers européens, chinois et anamites, surtout si un service de bâteaux à vapeur s'y établit

On comprend à ce simple aperçu la gêne qu'éprouvent les rapports des villes entre-elles, le rapprochement des populations, le déplacement des produits et leur échange. Mais qu'on songe aussi aux embarras de notre administration pour étendre et faire sentir son autorité sur le pays que nous voulons tenir sous notre dépendance! Quelle lenteur dans la transmission des ordres, quel obstacle au bon emploi et à la mobilité de nos forces militaires! Quelle difficulté pour mettre en correspondance suivie nos agents et nos délégués locaux avec le chef-lieu de notre occupation. Que d'efforts, que de dépenses pour maintenir une surveillance active sur les populations et faire respecter notre souveraineté.

Les Américains en Californie se sont trouvés en face d'une topographie hydrolique à peu près semblable à celle que nous venons de décrire. Ils l'ont vaincue au moyen d'un système de navigation à vapeur. Ils ont des services réguliers de bateaux qui mettent chaque jour en communication San-Francisco, Sacramento et Marysville et qui poussent même leur navigation jusqu'à Stokton sur le San-Joaquin. Ils remontent le Sacramento jusqu'à Colusa et Rede-Bluffs, c'est à dire, sur plus de cent soixante milles de longueur et pénétrent dans la rivière de Suba jusqu'à Marysville, à près de cinquante milles de Sacramento. Le Sacramento et le San-Joaquin, avec leurs bras et leurs affluents jouent dant le système des communications intérieures de la Californie, le rôle que doivent jouer en Cochinchine le Cambodge et le Saigon.

Ce rapprochement nous a fait naître l'idée de combattre les mêmes difficultés par les mêmes moyens.

C'est donc par un ensemble de bateaux à vapeur que nous projetons de rendre aussi faciles et aussi promptes que possible les relations commerciales en Cochinchine. Dabord pour le commerce extérieur nous proposons d'affecter deux bateaux à vapeur de la force de 200 chevaux à remorquer les navires à l'entrée et à la sortie, entre le cap St. Jacques et Saigon. Avec cette force auxiliaire maîtresse d'agir contre le vent et la marée, nous changeons toutes les conditions de navigation des batiments qui l'emploieront. Ainsi un navire remorqué , au lieu de cette lenteur qui exige six jours en moyenne, franchira en tout temps la distance de Saigon au cap St. Jaques en cinq ou six heures. Nous avons calculé que le remorqueur, dans la même journée ferait un voyage complet d'aller et retour, c'est à dire, avec la marée dans les deux sens. Sa machine sera d'ailleurs assez puissante pour refouler le flot, ce qui le dispensera d'attendre le secours de la marée.

Deux autres bateaux à vapeur d'une force moindre, de 120 chevaux chaque, par exemple, préteront leur assistance, lorsquil il y aura nécessité, aux deux bateaux dont nous venons de parler; mais autrement ils seront appliqués spécialement au remorquage des embarcations Anamites et les conduiront de ville en ville à travers les canaux et les rivières. Chacun de ces remorqueurs pourra traîner à sa suite un grand nombre de jonques, parceque dans ces canaux et ces rivières il rencontrera peu de courant et une bien faible résistance. L'espèce de roulage par voie d'eau qui se fait actuellement d'une manière si lente et si onéreuse, acquerra un mouvement tout à la fois plus prompt et plus régulier. Ces bateaux indigènes remorqués, au lieu de mettre six jours pour se rendre de Saigon à Mytho, feront ce voyage dans une journée. Une pareille amélioration dans les transports produira les effets merveilleux dont les voies de communication sont en tous lieux la cause.

Ce système, pour être complètement organisé, recevra le concours de deux autres bateaux à vapeur qui seront destinés plus particulièrement au transport des voyageurs.

Les jonques et et les embarcations Anamites qui seront remorquées auront certainement à leur bord des passagers, mais ce ne seront guère que ceux qui auront intérêt à accompagner les marchandises dont ces batiments seront chargés. Il faut un transport plus rapide et plus direct pour la masse des voyageurs. Nous satisfaisons à ce besoin par ces deux bateux de 120 chevaux, construits pour refouler le courant et le vent, et d'une grande marche.

Quatre Goëlettes de 300 tonneaux chaque seront attachées au service à vapeur que nous voulons établir. Elles seront destinées à aller à Bornéo, chercher le charbon nécessaire aux bateaux à vapeur de la compagnie.

Une semblable organisation changera complétement, comme nous le disons plus haut, notre situation en Cochinchine et nous permettra de jouir sans attente de tous les avantages que nous nous sommes promis de cette occupation.

Le premier des résultats sera de donner à notre administration de puissants moyens d'action. Elle sera en mesure de correspondre facilement avec tous les points du territoire soumis à son autorité ; elle fera avec célérité tous les

mouvements d'hommes et de choses que les circonstances exigeront; elle étendra sa surveillance et ses moyens de police de manière à être présente partout
où elle aura intérêt; elle transportera les approvisionnements et les fonds de
ses garnisons à l'heure même, pour ainsi dire, et n'aura plus à craindre qu'elles
restent un jour dans l'ambarras. Ces facilités permettront à la France de maintenir sa souveraineté dans ce pays éloigné avec des forces de moitié moindres
que celles qu'elle serait autrement obligée d'y entretenir.

L'État y gagnera encore la prompte disponibilité de ses bâtiments, puis-
qu'ils pourront transborder leur cargaison d'approvisionnement sur les ba-
teaux-transports de la Compagnie, à l'entrée de la rivière de Saigon ou se faire
remorquer jusqu'au chef-lieu de notre établissement. Ils éviteront ainsi de
longs retards et les avaries auxquelles ils sont exposés.

La Marine marchande, de son coté, trouvera dans ce service des avantages
qu'il est facile d'apprécier. Les navires remorqués du cap St. Jacques à Saigon n'emploieront plus que quelques heures, nous l'avons déjà dit, au lieu
des six jours qu'éxige en moyenne actullement le trajet. C'est donc pour l'aller et le retour une économie de dix jours dans le voyage. C'est comme si on
rapprochait la Cochinchine des ports de France de 350 lieues, d'après la marche ordinaire d'un navire (1). C'est comme si on allégeait de 3000 francs le
compte d'armemement d'un navirs de 300 tonneaux et de 7000 francs celui
d'un navire de 7 à 800 tonneaux (2).

Mais ces économies, déja dignes d'être prises en considération quand il s'a-
git des rapports directs de la France avec la Cochinchine, prennent une bien
plus grande importance lorsqu'elles s'appliquent à la navigation plus rappro-
chée. Or pendant longtemps, c'est dans les mers les plus prochaines que
s'exercera notre activité commerciale ayant pour aliment les productions de
la Cochinchine. C'est principalement avec la Chine, Singapore, Java et l'Australie que s'établira le commerce de notre nouvelle possession.

(1) 35 lieues par jour.

(2) On évalue généralement la prime d'assurance, les gages de l'équipage, les vivres, l'intérêt de l'argent sur le capital représenté par la cargaison et le bâtiment, à raison de 100 fr.
par 100 tonneaux, soit 300 fr. par jour pour un navire de 300 tonneaux, et à raison de
500 fr. par jour pour un navire de 600 tonneaux.

Enfin notre combinaison peut sous un autre rapport rendre un service important au gouvernement ; elle peut lui permettre de tracer un itinéraire pour nos lignes de paquebots dans l'Indo-Chine, plus court et beaucoup moins onéreux.

Les navires des messageries Impériales se rendant en Chine après avoir touché à Singapore devront venir à Saigon. On comprend que le gouvernement qui donne une si forte subvention à cette compagnie tienne à ce qu'elle ratache sa ligne de navigation à notre nouvel établissement. Mais cette relâche à Saigon est soumise à bien des inconvénients. Les paquebots dans leur traversée de Singapore à Saigon pendant les six mois que dure la mousson du Nord-Est, seront retardés d'au moins trois jours, et avec la mousson favorable ce retard sera encore de trente-six heures, puis arrivés à l'embouchure du Saigon, ces grands bâtiments, très-allongés de formes, ne se manœuvrant que très-difficilement entre les rives tortueuses de ce fleuve, n'atteindront notre établissement qu'à travers bien des difficultés. Ces ralentissements forcés sont d'autant plus graves, qu'il nous importe fort de ne pas laisser notre Compagnie de Paquebots en état d'infériorité de vitesse vis-à-vis de la compagnie Péninsulaire et Orientale.

Deux moyens se présentent pour faire disparaître une partie de ces difficultés.

Le premier consiste à attacher au service de l'Indo-Chine des bateaux d'une grandeur moyenne comme ceux qui existent de Rio-Janeiro à La Plata, pour faire les transports de Singapore à Saigon et *vice-versa*. Les voyages de ces bateaux seraient mis en concordance avec ceux de ligne la principale. Mais cette combinaison occasionnerait de grandes dépenses.

Le second moyen, moins radical que le premier, aurait l'avantage d'être plus économique. Il serait fourni par la Compagnie que nous nous proposons d'organiser. Elle serait tenue d'avoir à l'arrivée des transatlantiques au cap St-Jacques, au port Vungtau par exemple, un bateau à vapeur pour y porter et y recevoir les passagers, les marchandises et la correspondance des messageries Impériales. De cette manière le parcours des paquebots serait abrégé de 120 milles, (1) la durée de leur voyage diminuée d'au moins deux jours et les escales d'au delà ne seraient plus exposées à des irrégularités.

______

(1) 60 milles à l'aller et 60 milles au retour, entre le cap St-Jacques et Saigon.

Cette flotille locale de bateaux à vapeur servant tout à la fois le commerce intérieur et le commerce extérieur; éxige d'être constamment tenue en bon état de service. Nous ne pouvons compter pour l'entretien et les réparations de ces batiments sur aucune ressource locale. La Compagnie devra donc établir un chantier de réparations et l'approvisionner de tous les outils, machines, appareils et matières de toute sorte, nécessaires à cet objet. Elle placera à la tête de ce chantier un homme intelligent et capable et un ou deux contre-maîtres. Les Indigènes bien dirigés peuvent faire de bons ouvriers comme ceux qu'on trouve en Chine et dans l'Inde, pour tous les travaux qui se ratta-chent à la construction navale, ils y sont préparés par leurs goûts et leurs habitudes.

Mais un pareil établissement serait trop dispendieux et hors de proportion avec son objet, s'il devait être uniquement consacré aux besoins de la Compagnie.

Nous avons pensé qu'il pouvait avoir une destination plus large et plus utile. Nous proposons d'en faire un chantier public où tous les navires qui auront des avaries seront sûrs de trouver un moyen de les réparer. Dans l'état présent des choses, un bâtiment qui arrive en Cochinchine avec des avaries se voit forcément dans l'alternative ou de se faire condamner comme innavigable, ou de se rendre à Hong-Kong, à Manille où à Singapore, c'est à dire, de reprendre la mer, quelque soit le danger qu'il y ait à le faire.

Notre commerce maritime n'aura plus à redouter cette fâcheuse position. Le jour où il saura qu'à Saigon, se trouve un chantier toujours approvisionné des objets et des matières nécessaires à l'entretien et à la réparation des navires il baissera le prix du frêt et offrira des occasions plus fréquentes de rapports avec notre nouvel établissement.

Nous venons d'exposer les deux parties du programme que nous voulons mettre à exécution en Cochinchine. La première est agricole et industrielle; la seconde est commerciale et maritime. Toutes les deux sont connexes, se prêtent un mutuel appui et nous paraissent également nécessaires à la mise en valeur de notre nouvelle possession.

Maintenant nous allons faire connaître par quels moyens nous entendons réaliser notre œuvre.

§ 3 — Voies et Moyens.

Une Compagnie anonyme sera constituée en France au capital de 5 millions. Elle aura son siège à Bordeaux ; mais elle sera représentée en Cochinchine par un comité de trois personnes auquel elle déléguera des pourvoirs pour mettre à exécution ses décisions.

Son capital sera réparti comme suit :

1,500,000 fr. seront affectés à des prêts aux cultivateurs et à l'établissement d'un moulin de décortication du riz et à une usine pour la fabrication du sucre ;

3,500,000 fr. seront affectés à des transports par voie d'eau sur le Saigon et le Cambodge, au remorquage sur ces fleuves et leurs affluents et à un chantier de réparation.

Le Gouvernemeut accordera à la Compagnie : 1° à titre gratuit un terrain de 3,000 hectares environ, d'une seule contenance ou composé de plusieurs lots. L'emplacement de ce terrain ou des lots sera, déterminé de concert entre l'administration locale et les représentants de la Compagnie ; 2° une subvention de 5 millions qui sera payée en dix annuités de 500,000 fr. chacune. 3° La concession du remorquage sur les fleuves de Saigon et du Cambodge pour une durée de vingt ans.

La subvention de 5 millions se justifie en principe par les raisons qui motivent le secours financier de l'État, dans une œuvre d'utilité nationale, quand l'entreprise n'offre pas à l'industrie privée de rénumération suffisante.

C'est ce principe qui a fécondé notre grande industrie de chemin de fer et qui a doté la France de ces merveilleuses voies de communication, agents si actifs de la richesse du pays ; c'est lui qui a rendu possible la formation de ces sociétés auxquelles nous devons nos lignes de navigation à la vapeur sur la Méditerranée et l'Occéan ; c'est encore à son application que l'on doit les travaux considérables exécutés à Marseille, à Lyon, au Havre et dans d'autres villes. Aux fonds des particuliers ou des communes on a associé ceux de l'Etat toutes les fois qu'on a reconnu que l'œuvre à laquelle ils devaient contribuer tournerait au profit de la puissance nationale ou de la fortune publique.

Les avantages que notre établissement dans le Sud de la Cochinchine doit retirer du plan proposé, ont été déjà indiqués et nous semblent incontestables. Mais ils ne sont pas locaux, ils réagiront sur le nom et l'influence de la France dans l'extrême Orient.

Il y va de notre honneur de ne pas laisser dans un état précaire et incertain, sur une mer où se déploie l'action sans cesse militante de l'Angleterre, où s'étale chaque jour plus florissante la puissance coloniale de la Hollande, dans le voisinage de l'Empire de la Chine, et sous les regards de toutes les nations maritimes qui visitent nos mers, l'établissement que nous voulons fonder. Il y va aussi de l'avenir de notre commerce. Si nous désirons l'affranchir de la timidité qui arrête sa marche et le porte à suivre les routes battues, nous devons lui assurer dans cette contrée éloignée un abri et une protection. Ce sont là des motifs d'un ordre aussi élevé que ceux qui ont été invoqués à l'appui des subventions accordées dans les circonstances que nous venons de rappeler.

Toutefois, nous comprenons que la libéralité de l'État ne soit pas sans réserve. Il a le droit de s'enquérir de l'emploi des fonds qu'il donne dans une pensée d'utilité nationale et d'y poser des conditions.

Cette garantie se trouvera dans une convention qui interviendra entre la Compagnie concessionnaire et l'État. A cette convention sera joint un cahier des charges dont nous allons esquisser les principales dispositions.

La compagnie sera tenue de posséder et de maintenir en bon état de navigabilité un matériel naval ainsi composé:

2 Remorqueurs de 200 chevaux de force.
2   d°.   120   d°.   d°.
2 Bateaux à vapeur à grande vitesse de 120 chevaux, pour le transport des passagers,
4 Goëlettes à voiles de 300 Tonneaux chaque pour l'approvionnement du charbon (1).

(1) L'importance et la composition de ce matériel ne sont indiquées que pour fournir un cadre qui est soumis à l'appréciation des personnes compétentes.

Dans cette organisation nous nous sommes préoccupés de l'appropriation des remorqueurs au service qu'ils doivent faire, Il faut qu'ils soient, autant que possible, d'une force correspondante aux navires remorqués; s'il en est autrement la célérité qu'on a voulu obtenir n'est pas atteinte, et même, faute de moyens suffisants de traction, le navire remorqué surmonte péniblement les obstacles et n'est pas à l'abri des chances d'échouage.

Nous croyons que les deux remorqueurs de 200 chevaux de force sont en état de répondre à tous les besoins. L'expérience démontre, en effet, qu'un bateau à vapeur de 200 chevaux remorque facilement un navire de 2,500 tonneaux.

Il peut paraître au premier abord que deux remorqueurs ne seront pas suffisants. Mais nous ferons remarquer que, puisque la force de nos remorqueurs est calculée de manière à pouvoir facilement remorquer 2500 tonneaux, chacun d'eux sera en mesure, suivant l'occasion, de prêter sa traction à plusieurs navires à la fois formant ensemble une force de résistance égale à ce tonnage de 2500 tonneaux. Par voyage, un de nos bateaux de 200 chevaux peut conduire dans le fleuve cinq navires de 500 tonneaux et le nombre des navires augmentera ou diminuera selon l'importonce du tonnage qu'ils forment réunis.

En outre des deux grands remorqneurs, notre organisation comprend deux bateaux à vapeur de 120 chevaux chaque. Ils pourront aussi coopérer au remorquage des navires entre le cap St. Jacques et Saigon, mais, ainsi que nous l'avons dit dans notre exposé, nous les destinons spécialement au remorquage des jonques et des embarcations locales. Leur itinéraire sera présenté à l'approbation de l'administration locale et ne pourra être modifié que de son consentement. Cet itinéraire sera tracé en vue de relier par des communications régulières les principales villes de notre possession; de desservir les centres de production les plus importants et d'aider le commerce local. La restriction qui empêche tout changement dans la marche de ces remorqueurs sans l'autorisation administrative, est une garantie, qu'avant tout, ce service répondra aux vues du gouvernement local, intéressé à demeurer toujours en rapport avec les villes les plus importantes sous le rapport administratif et stratégique.

La Compagnie sera autorisée à percevoir sur les navires remorqués les prix mentionnés sur un tarif anexé à son cahier des charges. Ce tarif dont nous présentons le projet à la suite de notre mémoire, devra être homonologué par l'administration locale. Les taxes qui y figurent sont basées sur le coût et la consommation du charbon que brûleront nos remorqueurs et que nous évaluons sur le pied de 60 fr. la tonne. Ce tarif ne concerne que le remorquage entre le cap St. Jacques et Saigon. Nous établirons ultérieurement et d'après les mêmes bases et les milles marins parcourus, de concert avec l'administration locale, celui des stations intérieures pour le remorquage des jonques, le prix de passage des voyageurs et le frêt des marchandises qui pourront être chargées sur un bateau à vapeur.

Un registre sera ouvert dans les bureaux de la Compagnie pour l'insertion des navires qui voudront être remorqués et leur remorquage aura lieu suivant leur numéro d'ordre sur ce régistre.

Le cahier des charges renfermera plusieurs clauses à l'avantage du gouvernement.

Priorité pour le remorquage de tous les bâtiments appartenant à l'État ou affrêtés par lui.

Réduction à moitié du prix du tarif pour le remorquage de ces bâtiments.

Transport à moitié des prix portés au tarif des approvisionnements, des fonds et des troupes que le gouvernement local confiera à la Compagnie. Enfin le gouvernement local aura le droit en cas d'urgence, d'employer un ou plusieurs des bateaux de la Compagnie, en lui allouant, comme indemnité, une somme égale à celle qu'elle aurait retiré de l'emploi de ces bateaux au prix de son tarif,

Les tarifs, tels qu'ils auront été approuvés par l'administration locale, seront valables pendant dix ans. Si, à cette époque, il est constaté par la production du bilan de la Compagnie, tel qu'elle l'aura soumis à l'approbation de ses actionnaires, que pendant les cinq dernières années elle a retiré de l'exploitation de ces différents services de remorquage et de navigation, un revenu supérieur à trente pour cent, les tarifs seront déclarés révisibles. Dans ce cas, le gouvernement local pourra exiger une réduction du prix ou une augmentation du matériel de la Compagnie, mais dans une proportion qui ne réduira pas le revenu de l'entreprise au-dessous du chiffre fixé plus haut.

Nous n'avons pas besoin de faire observer que le bénéfice de 30 pour cent que nous déterminons pour donner ouverture au remaniement du tarif est loin d'être exagéré. C'est celui sur lequel sont basés les risques maritimes proprement dits, les capitaux ne s'engageraient pas à si grande distance s'ils n'avaient pas une pareille marge de profit.

Nous avons exposé les avantages que le commerce retirait de l'établissement d'un chantier de réparations. Pour que ces avantages ne lui manquent pas, il faut que ce chantier soit toujours en mesure de répondre à tous les besoins des bâtiments qui arrivent à Saigon.

En conséquence, le cahier des charges obligera la Compagnie à construire des hangards, une scierie, des magasins où se trouveront approvisionnés en quantité suffisante de bois de construction, des mâts, du cuivre à doublage, des clous, des chevilles, de la fonte, de l'acier, du fer, des agrès et apparaux. Enfin, un ponton sera établi pour abattre les navires en carène.

Lorsque le Gouvernement local aura recours au chantier pour les réparations des navires de l'Etat ou affrêtés par lui, la Compagnie les exécutera sous la surveillance des agents de l'administration, d'après un marché en régie dont le prix total sera augmenté d'un bénéfice de 10 pour cent.

Telles sont les conditions qui, selon nous, garantiront le bon emploi des fonds que le Gouvernement accordera à la Compagnie. Afin de compléter nos explications, nous joignons à notre mémoire un état indiquant les dépenses d'exécution de notre projet et plusieurs pièces à l'appui.

Dans le siècle actuel, deux nations maritimes ont réussi à étendre considérablement leur puissance au moyen de possessions lointaines : la Hollande a créé la magnifique colonie de Java ; les Etats-Unis ont ajouté à leurs étoiles, celle de la Californie, qui n'est pas la moins brillante de leur pavillon.

La Hollande a accompli son œuvre par un système de monopole absolu. Son gouvernement s'est fait dans les Indes Néerlandaises propriétaire des terres ; il les a données à cultiver aux indigènes en leur faisant des prêts et moyennant un contrat de redevance, il s'est constitué producteur et marchand de toutes les richesses du pays soumis à sa domination. Deux grandes institutions servaient de ressort au fonctionnement de ce grand monopole : la Société générale du commerce, à la tête de laquelle s'était placé avec vingt millions, pour sa part d'intérêt, le roi Guillaume-Frédéric et la Banque de Java.

La Société générale avait pour mission de recevoir dans la colonie les produits du Gouvernement, de les transporter en Hollande, d'en faire la vente et d'en verser le prix au trésor, en y faisant, à titre de commission, une retenue proportionnelle.

La banque de Java, liée par les rapports les plus intimes à la Société générale, agissait plus particulièrement sur la production, en faisant des avances aux cultivateurs, en portant son concours sur celles des cultures qui présentaient le plus de chances de succès ; sur le sucre, le café, le thé, la cochenille, les épices ; le retirant ou le donnant avec mesure à celles des cultures dont les résultats étaient plus ou moins satisfaisants.

Ce régime dirigé avec une admirable habileté par le Gouverneur-général, le comte Van-den-Bosch, a porté la colonie de Java a un degré de prospérité qui est la base la plus solide de la puissance de la Hollande.

Les Américains, en Californie, ont appliqué un système diamétralement opposé ou plutot ils ont agi sans système. Ils ont porté avec eux leur principe de liberté absolue et ils lui ont demandé la fortune de leur nouvel État. Ils ont distribué des terres, ainsi que nous l'avons fait observer, à qui en demandait sans distinction de nationnalité; ils ont livré à l'industrie privée la mise en valeur de tous les produits de cette riche contrée, *de leurs placers,* de leurs forêts. Ils ont, avec l'initiative individuelle créé des villes, constitué des banques, couvert les fleuves et les rivières de bateaux à vapeur, défriché des terrains plus vastes que des royaumes de l'ancien continent; ils ont apporté sur les bords du Pacifique leur fébrile activité de colons et leur indomptable énergie de pionniers. Nous avons vu les merveilles qu'ils ont accomplies en peu d'années. En dix ans San-Francisco, par son importance à détroné Lima, Valparaiso et San-Yago du Chili, et se regarde à bon droit comme la capitale de l'Amérique du Sud. La Californie est un des points du Globe vers lequel se dirige le commerce de toutes les nations et l'Union Américaine compte cet Etat comme une des bases les plus solides de sa force et de sa grandeur.

Les deux faits que nous venons de citer sont bien grands et hors de proportion avec le modeste projet que nous venons de tracer. Nous n'avons songé à un pareil rapprochement que pour ouvrir une perspective sur l'avenir de notre nouvel établissement en Cochinchine. Lui aussi peut devenir un élément de puissance pour la France, mais non au moyen d'un monopole Hollandais qui répugne à nos idées et à nos tendances; non au moyen de la liberté absolue pratiquée par les Américains, car nous avons toujours besoin de nous sentir dans nos tentatives, soutenus et aidés par notre Gouvernement. Mais on peut emprunter aux deux systèmes, les tempérer et les modifier l'un par l'autre, et de leur combinaison en faire résulter la prospérité de notre nouvelle possession.

C'est sous l'influence de ce double enseignement que nous avons conçu le plan que nous avons l'honneur de soumettre au Gouvernement.

ANNEXE

BATEAUX A VAPEUR DE SAIGON

COMPAGNIE DE COLONISATION ET DE REMORQUAGE

TARIF pour le Remorquage des Navires sur le Cambodge et le Saigon :

STATIONS		Navires de 100 à 499 tonneaux de jauge légale																			Fournitures de Grelin F. 30 ou $ 6.
		100 à 119	120 à 139	140 à 159	160 à 179	180 à 199	200 à 219	220 à 239	240 à 259	260 à 279	280 à 299	300 à 319	320 à 339	340 à 359	360 à 379	380 à 399	400 à 419	420 à 439	440 à 459	460 à 479	480 à 499	
De Saïgon {	au Cap F. St-Jacques et vice-versa. $	550 ou 110	570 ou 114	590 ou 118	610 ou 122	630 ou 126	650 ou 130	670 ou 134	690 ou 138	710 ou 142	730 ou 146	750 ou 150	770 ou 154	790 ou 158	810 ou 162	830 ou 166	850 ou 170	870 ou 174	890 ou 178	910 ou 182	930 ou 186	

Nota : Ce prix est calculé sur un parcours de cinquante milles.

Le charbon valant $ 10, environ 60 fr.

. Etablir les autres stations , etc., etc.

Navires au-dessus de 499 tonneaux de jauge légale.

De Saigon au cap Saint-Jacques et vice-versa, 2 fr. 50 par tonneau de jauge légale.

Nota : Un registre sera ouvert dans les bureaux de l'administration pour l'inscription des navires. Les remorquages auront lieu selon leur tour d'inscription, conformément aux clauses et conditions générales résultant de la soumission d'engagement pour chaque opération.

EMPLOI du capital de cinq millions
de la Compagnie de colonisation de Cochinchine.

1ʳᵉ PARTIE : Affectée à l'exploitation agricole et industᵉˡˡᵉ F.	1,500,000	»
2ᵉ PARTIE : Exploitation des transports et du remorquage sur les rivières de Saigon et du Cambodge et leurs affluents ; chantiers de réparations pour les navires...	3,500,000	»
TOTAL.........................F.	5,000,000	»

Détail de la première Partie.

Emplacements en ville et à la campagne, des maisons, comptoirs, terres pour culture, usines....................F.	100,000	»
Capital de roulement pour avances à faire aux planteurs.	800,000	»
Usine et moulin à sucre, à vapeur, rendus et prêts à fonctionner..	450,000	»
Usine pour la décortication des riz à la vapeur, rendue et prête à fonctionner...	150,000	»
TOTAL.........................F.	1,500,000	»

Détail de la deuxième Partie.

Chantier de réparations et terrain........................	400,000	»
2 remorqueurs de 200 chevaux, à 500,000..........F.	1,000,000	»

Détail du prix :

200 chevaux de force, à fr. 1,400 par cheval prêt à fonctionner...................................	280,000	»
Coque et armement complet...........	220,000	»
TOTAL.............F.	500,000	»

A REPORTER.................F.	1,400,000	»

Report...........................F.	1,400,000	»
2 Remorqueurs sur les canaux et rivières de 120 chevaux de force, à fr. 300,000...................................	600,000	»

Détail du prix :

120 Chevaux de force, à fr. 1,400 par cheval, la machine prête à fonctionner...............F.	168,000	»
Coque et armement complet............	132,000	»
Total.............F.	300,000	»

2 Bateaux à passagers de 120 chevaux à fr. 300,000..	600,000	»

Détail du prix :

120 Chevaux, à fr. 1,400.................	168,000	»
Coque et armement complet..............	132,000	»
Total............ ....F.	300,000	»

4 Goëlettes de 300 tonneaux chaque, pour aller chercher le charbon à Bornéo, à fr. 100,000.....................	400,000	»
Conduite des navires de France en Cochinchine..........	240,000	»
Fonds de roulement pour cette deuxième partie..........	260,000	»
Total......................F.	3,500,000	»

Détail des principaux approvisionnemens du chantier de réparations :

Terrains, hangars, magasins, forges, fonderies, scieries à la vapeur...	140,000	»
1 Ponton pour virer les navires en quille pour les caréner.	60,000	

Approvisionnements :

Bois de constructions à mâtures et autres...............	20,000	»
A Reporter.................F.	220,000	»

	F.	
REPORT..................F.	220,000	»
Cuivre à doublage, chevilles et clous de cuivre, fer, fonte et acier..................	40,000	»
Brai, goudron, feutre à doublage, cuir, mastic, peinture, etc., etc....................................	10,000	»
Outils et machines....................................	15,000	»
Agrès, apparaux, poulies, cordages, toiles à voiles, chaines et ancres....................	15,000	»
Dépôt de charbon de terre....................	40,000	»
Fonds de roulement et de réserves pour avances aux ouvriers, prêts à la grosse aux navires..................	60,000	»
TOTAL..................F.	400,000	»

Extraits de la correspondance du Capitaine GILLAUD, commandant le navire fançais le *SINGAPORE*, armé à Bordeaux, jaugé en Douanes 442 tonneaux.

Saigon, le 29 Mars 1861.

Messieurs A. EYMOND & DELPHIN HENRY, à Bordeaux.

En montant la rivière je me mis en louvoyant deux fois à la côte. Le navire n'a pas touché grâce aux arbres qui sont le long de la rivière. Ce sont de petits palétuviers qui poussent dans l'eau.

Signé : GILLAUD.

Cahon, au bas de la rivière de SAIGON, le 25 Avril 1861.

Messieurs A. EYMOND & DELPHIN HENRY, à Bordeaux.

Je n'ai pas été heureux en descendant la rivière, le pilote m'a mis sur un banc en dérivant; le navire a fortement touché. Il est venu sur l'eau 14 mètres de fausse quille. Je vais être obligé de rentrer, à mon arrivée en Chine, dans un bassin pour visiter le fond du Navire.

Signé : GILLAUD.

Extrait d'une lettre du capitaine J. DUBEDAT, commandant le navire français le *D'ARTAGNAN*, armé à Bordeaux, jaugé en Douanes 256 tonneaux.

SAIGON, 5 Décembre 1861.

Messieurs A. EYMOND & DELPHIN HENRY, armateurs à Bordeaux.

» Je vous engage, Messieurs, en votre qualité d'armateurs, de faire mettre une autre fois sur les Chartes-Parties de la marine, que le navire devra être remorqué, car il arrive souvent que les navires restent de vingt à vingt-cinq jours pour monter ou descendre la rivière qui est très tortueuse.

» *Signé* : J. DUBEDAT. »

Pour copies conformes :

A. EYMOND & DELPHIN HENRY.

Bordeaux. — Imprimerie de G. CHARIOL, rue des Treilles, 7.

www.ingramcontent.com/pod-product-compliance
Lightning Source LLC
LaVergne TN
LVHW010337030726
842520LV00004B/1527